DET LILLE HEFTET OM:

DESIGN- TENKNING

En introduksjon

MONIKA HESTAD - ANDERS GRØNLI - SILVIA RIGONI

BRANDVALLEY
PUBLICATIONS

Til Viktor

Det lille heftet om designtenkning: En introduksjon

Denne boken inngår i serien «Det lille heftet om...»
Utgitt av Brand Valley Publications
© Brand Valley Design Ltd, London 2016
All rights reserved.

Originaltittel: The Little Booklet on Design Thinking (2nd Edition)
Oversetter: Anders Grønli

Layout: Marianne Hollum Lydersen
Illustrasjoner: Silvia Rigoni

Brand Valley Design Ltd
34B York Way
London, N1 9AB
Storbritannia

Brand Valley AS
publications@brandvalley.no
www.brandvalley.no

ISBN 978-0-9574958-8-3

INNHOLD

DESIGNTENKNING

Altfor ofte gyver vi løs på problemstillinger for å finne svar uten å kontrollere om svaret faktisk ville gjøre en forskjell.*

---

* Dr Bettina von Stamm

FORORD

av Bettina von Stamm, PhD, grunnlegger og direktør for
Innovation Leadership Forum i London

Jeg er begeistret over å ha blitt spurt om å skrive forord til denne
andreutgaven av heftet om designtenkning. Hvorfor? Vi lever i
en tid hvor utviklingen går raskere og er mer kompleks enn noen
gang før. Den konstante endringen kommer av mulighetene til å
skape forbindelser, å koble sammen forskjellige typer kunnskap,
og å gjøre dette i en hastighet som ikke var mulig tidligere. Ifølge
CISCO har global internettrafikk gått fra 100 gigabyte per dag
i 1992 til 100 gigabyte per sekund i 2002, og videre til 20 235
gigabyte per sekund i 2015.

Konstant endring, sammenkobling og fellesløsninger er bak-
grunnen for den økende kompleksiteten vi står overfor – hvor kom-
pleksiteten er en konsekvens av at mange deler i samfunnet skal
samhandle på uforutsigbare måter. Siden systemene vi er del av
endres hele tiden, trenger vi å tilpasse oss og lære hvordan vi skal
navigere i verden på nytt. Det er her designtenkning kommer inn.

For meg er det fire vesentlige sider ved designtenkning:

1. Det er menneskesentrert. Det setter brukeren eller kunden
   i sentrum for oppmerksomheten og forsøker å forstå dem
   og deres behov. Dette gjøres i en unik sammenheng, gjen-
   nom observasjon og undersøkelse av alle sider som er
   relevante for utfordringen man står overfor.

2. Bruk av prototyper og andre former for visualisering er viktig. Det kan være vanskelig å beskrive og forklare noe som ennå ikke eksisterer. Ved å gjøre ting visuelle, gjennom tegninger, prototyper og animasjoner, kan man øke forståelsen sin gjennom samhandling og ta del i det nye forslaget.

3. Det er viktig å involvere folk med forskjellig bakgrunn og å bygge på varierte innspill og perspektiver. Dette peker tilbake på «sammenheng» og «alle sider», som jeg nevnte i første punkt. Designtenkning tar en helhetlig tilnærming til et problem eller en utfordring. Designere undersøker sammenhengen og alle involverte for å komme frem til en løsning.

4. Det er en reise med utviklingsfaser der man veksler mellom å åpne opp og utforske, for så å dra sammen tankene i én retning. Reisen er iterativ (gjentagende) slik at fasene hvor vi åpner opp og identifiserer mange muligheter byttes med faser hvor vi forsøker å velge og avgrense mulighetene så mye som mulig.

Designtenkning og innovasjon handler om å åpne opp for og å identifisere muligheter, for så å ha en iterativ utviklingsprosess gjennom de forskjellige stegene i innovasjonsprosessen.

Altfor ofte gyver vi løs på problemstillinger for å finne svar uten å kontrollere om svaret faktisk ville gjøre en forskjell. Da jeg snakket med en leder hos Unilever om miljø og bærekraft ved teposer, fortalte han at:

«Vi kan bruke så mye ressurser vi vil på å redusere miljøvirkningene av individuelle teposer, men hva som virkelig

ville gjøre en forskjell for miljøvirkningen av britenes elsk-ede tekopper er om folk bare kokte akkurat så mye tevann som de trenger.»

I vår streben etter hastighet og resultater glemmer vi ofte å spørre om vi virkelig har identifisert den underliggende problemstillingen, eller bare ett av symptomene.

Dr Bettina von Stamm

DESIGNTENKNING

HVORFOR DETTE HEFTET?

Lær designtenkning gjennom en kreativ og involverende utviklingsprosess.

I 2013, da vi publiserte den første engelskspråklige utgaven av *The Little Booklet on Design Thinking*, ble begrepet «designtenkning» brukt som et moteord. Nå har begrepet «designtenkning» modnet og utviklet seg til noe mer enn en trend. Designtenkning kan brukes til å utvikle retninger for organisatorisk styring, utvikle nye produkter, tjenester og forretningsmodeller. Siden designtenkning stadig også utvikles videre var det derfor på tide å oppdatere dette heftet og gi det et nytt og oppdatert innhold. Heftet som du nå har i hendene er ikke en fullstendig redesign, men en forbedret utgave for å vise frem utviklingen innen designtenkning.

Harvard Business Review har publisert flere artikler om designtenkning, og viet september 2015-utgaven til temaet. De understreker at design i stadig økende grad spiller en sentral rolle i å forme bedrifters overordnede strategi og ledelse (HBR, 2015). Designtenkning kan i særlig grad hjelpe til der det er utfordringer uten en åpenbar løsning eller fremgangsmåte (Neumeier, 2009). For eksempel: Hvordan skal man kombinere lønnsomhet med sosialt ansvar? Hvordan kan man designe tjenester som både tilfredsstiller informasjonsbehovet for organisasjonen, og det publikum de skal tjene? Hvordan skal man designe produkter som utnytter kapasiteten i organisasjonen, og som samtidig er fleksible når forutsetningene endres? Hvordan kan man gi ansatte meningsfulle jobber, samtidig som de får god lønn og andre fordeler?

En utbredt måte å forklare det på er at designtenkning er en stegvis prosess som tar utgangspunkt i observasjon av mennesker for å avdekke behov, utvikle prototyper, for så å teste disse (HBR, 2015). Vi tror at det å mestre designtenkning ikke handler om å lære én metode eller formel, men om å omfavne en holdning om kontinuerlig forbedring. Det er innsikten om kontinuerlig forbedring som er nøkkelen til å løse spørsmålene som vi er stilt overfor. Mennesker settes i sentrum, og formålet med forbedringen er derfor å øke verdien de involverte personene oppnår når de bruker løsningen. Man lærer om hva løsningen bør være ved å utforske omverdenen, for så å utvikle og utprøve ulike idéer fortløpende gjennom hele prosessen. Designtenkning er en helhetlig tilnærming til utvikling som handler om å identifisere og utforske muligheter. Designerene har en verktøykasse med metoder som kan hjelpe til i dette arbeidet.

For å innføre designtenkning i organisasjoner er det ikke nok for å ledere å kun ansette designere. De må tørre å involvere seg med omgivelsene på en lignende måte som en designer ville tilnærme seg en utfordring. Dette kan inkludere at lederen tar på seg ansattes oppgaver i noen dager for selv å oppleve utfordringene de står overfor, eller å forklare strategier ved hjelp av visuelle virkemidler slik som legoklosser. Skal man virkelig ha en organisasjon som er drevet av designtenkning, må lederen også inspirere andre til å omfavne holdningen om kontinuerlig forbedring, samt gi ansatte mulighet til å utforske, utvikle og prøve ut nye løsninger innenfor sine områder.

Hvordan kan folk som ikke har en designbakgrunn benytte denne måten å tenke på, og oppnå ferdighetene som trengs, raskt? Skolesystemet har en tendens til å fremheve analytisk tenkning gjennom skrivearbeider og tekstdiskusjoner (Robinson, 2006). Det å skaffe seg selv de enkleste designferdighetene kan derfor bli en utfordring etter mange år med tekstbasert arbeid. Noen som er i førtiårene kan være livredde bare ved tanken på å skulle visualisere noe gjennom tegning, selv om tegning kan ha vært deres foretrukne måte å uttrykke seg på før de begynte å skrive lengre tekster. Så la oss innse dette: Det vil ta tid å forandre måten å jobbe med utfordringer på i retning av en designtilnærming, men det er mulig!

Designtenkning er dypt plantet i hva filosofen Donald Schön (2011 [1983, 1991]) kalte «refleksjon gjennom handling». I dette heftet introduserer vi en steg-for-steg-prosess som gir innsikt i hva en designtilnærming kan være. Gjennom denne kan man lære seg om designtenkning gjennom å utføre oppgaver sammen. I tillegg introduseres man for noen nøkkelprinsipper. Nøkkelen til å bli en designtenker er å omfavne holdningen om kontinuerlig forbedring, for så å forstå prinsippene som ligger bak.

Prosessen og prinsippene har blitt utviklet gjennom mange år og har blitt forbedret gjennom samvirke med næringsliv og studenter fra hele verden på kunst- og designhøyskolen Central Saint Martins ved University of the Arts London siden 2009. Prosessen er utformet som en deltagende opplevelse. Vi tror dette er den beste måten å lære designtenkning på. Designtenkning kan ikke læres utelukkende ved å lese en bok, men må også praktiseres gjennom handling.

Gled dere!

ERFARINGER

Brukere av førsteutgaven av dette heftet varierer fra ledere i offentlig sektor, til store og små bedrifter og universitetsstudenter. Bettina von Stamm, som har skrevet forordet i denne utgaven, utfordret oss til å lage et halvannet dags-seminar for hennes Innovation Leadership Forum Networking Group. Seminaret ble holdt på Google Campus i London i november 2012. Gruppen besto av 40 delegater fra forskjellige innovasjonsavdelinger i store organisasjoner. Disse fordelte seg på forskjellige bransjer, fra finans og IT til forbruksvarer. Deltakerne i gruppen hadde forskjellig bakgrunn og flertallet var ikke designere. Seminaret fulgte en steg-for-steg-prosess som lignet den som presenteres i dette heftet. Som det så ofte er med design og innovasjon, er det direkte utbyttet vanskelig å måle. Bettina nevner, imidlertid, at deltakerne fra workshopen fortsetter å snakke om hva de lærte da, og ser ut til å ha gjort innholdet i seminaret til en del av måten de tenker og arbeider på.

Strategienheten til skotske myndigheter (Scottish Government's Strategy Unit) kjørte et endags gruppearbeid for ledere i offentlig sektor basert på prosessen i dette heftet. De utviklet et eget scenario i forkant som var relevant for lederne i offentlig sektor.

Tilbakemeldingen fra dem var at:

«Skotske myndigheter setter befolkningens opplevelser i kjernen av politikkutviklingen. Dette kan vi ikke oppnå uten å etablere en bedre forståelse og gjensidig tillit i forholdet mellom befolkning og myndigheter. Vi må starte med å ha de riktige holdningene hos myndighetene. Designtenkning gjør

det mulig for oss å ha en virkelig samhandling med befolk-
ningen, og dermed sikre at befolkningen er med på å forme
politikken og offentlige tjenester.»

De uttalte videre at heftet hjalp dem å introdusere designten-
kning på en effektiv måte. Ved å utvikle et eget scenario, og
tilpasse prosessen ut fra dette scenarioet, gjorde de prosessen
relevant for lederne.

Heftet har også blitt brukt som en vekker i en undervisnings-
situasjon ved Lunds universitet i Skåne, Sverige. Læreren Elin
Olander ved Institutionen för designvetenskaper brukte heftet
i et kurs om designmetode for studenter innen mekaniske
ingeniørfag. Hun introduserte prinsippene som var listet i heftet
for å bevisstgjøre studentene om hvordan designere arbeider.
Ingeniørstudentene er dyktige til å løse utfordringer med analyt-
iske verktøy. De har imidlertid mindre erfaring med en intuitiv
tilnærming til problemløsning. «Designtenkning» lager en bro
mellom den analytiske og den intuitive tilnærmingen, og prin-
sippene i denne boken utvider derfor studentenes tilnærming til
å utvikle nye løsninger.

Deltakere som har brukt denne prosessen har spesielt
fremhevet viktigheten av å introdusere mer kreativ tenkning i
dagliglivet. Flere brukere av førsteutgaven av heftet har nevnt at
innovasjonsavdelingen i deres organisasjon ofte er for opptatt av
analyse, og at prosesser slik som den i dette heftet gjør det lettere
å åpne opp for alternative tenkemåter.

Vi har også observert at en strukturert prosess som vektleg-
ger kreativitet kan utfordre eksisterende måter å gjøre ting på. En
sentral tilbakemelding fra deltakerne som har brukt prosessen i
dette heftet, er at man kan både arbeide effektivt og ha det gøy.

Designtenkning er refleksjon gjennom handling.
Dette betyr at fremgangsmåten og løsningen på
utfordringen blir til mens man arbeider. *

---

*Basert på den amerikanske filosofen og organisasjonsteoretikeren Donald Schöns
(2011 [1959]) observasjoner om hvordan designere arbeider.

DESIGNTENKNING

EN LÆRINGSPROSESS

En kort forklaring om heftet.

Designere har en helhetlig tilnærming til utvikling, hvor et vesentlig aspekt er at prosessen og idéene blir til under utførelsen. Dette kan oppleves annerledes enn fra hvordan mange vanligvis tilnærmer seg utviklingsarbeid. I dette heftet har vi derfor valgt å gjøre designtenkning mer konkret gjennom å introdusere en steg-for-steg-prosess. Denne følger veiledende prinsipper, som speiler en tradisjonell designprosess. Vi oppfordrer leserne til å bruke prosessen aktivt og å prøve seg frem. Senere kan leserne bruke prinsippene som er beskrevet på side 89 for å reflektere over hva som ligger bak denne prosessen.

Steg-for-steg prosessen i dette heftet kan brukes i forskjellige sammenhenger og til forskjellige formål:

For å lære om designtenkning;

For å løse bestemte utfordringer;

For å inspirere nye prosesser gjennom designtenkning;

For å utvikle nye produkter eller tjenester;

For å lære andre om designtenkning.

KORFATTET BESKRIVELSE AV PROSESSEN

Steg-for-steg-prosessen i dette heftet er utformet som en læringsopplevelse for å gi en smak av hvordan en designprosess kan utvikles.

En designprosess utfolder seg gjennom ulike steg. Det starter ofte med et utforskningssteg, hvor målet er å forstå hvilken sammenheng utfordringen man har foran seg hører hjemme i, og hvem som bør involveres. Når man har fått en oversikt over utfordringen, og den er definert, går prosessen over i å utvikle idéer. Først genereres et mangfold av idéer. Deretter blir en eller flere idéer valgt ut for videre konseptutvikling og utprøving. Konseptet blir realisert gjennom prototyper og vurdert. Dersom man er fornøyd med resultatet, blir løsningen implementert. En prosess som drives av et ønske om kontinuerlig forbedring vil ofte fortsette etter at man har testet ut løsningen. Gjennom hver utforskning, utvikling og utprøving vil man komme ett steg nærmere kjernen (se figur). I kapittelet «Betraktninger» kan du lese mer om hvordan den forholder seg til en virkelig designprosess.

Steg-for-stegprosessen i dette heftet er forenklet for å tillate gruppearbeid over en kort periode. Det er ikke ment at denne prosessen skal løse alle problemer, men at den kan være en nyttig innføring.

Prosessen inkluderer:

Neddykking;
Idégenerering;
Konseptutvikling;
Prototyping.

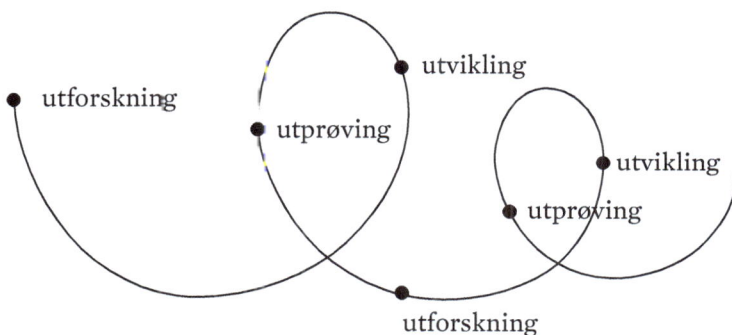

Neddykking: I dette første steget vil det være viktig å dykke ned i sammenhengen, for å forstå hva du arbeider med. For å gjøre dette må du og designteamet gjøre en utforskning av sammenhengen. I dette steget vil det være viktig å identifisere potensielle behov, ønsker og utfordringer.

For å forenkle utforskningen har vi i dette heftet valgt å vektlegge viktigheten av forestillinger og fantasi. Når man har dykket ned i sammenhengen blir designerne oppfordret til å omforme utfordringen se på denne på nytt, slik at de kan avdekke om det ligger noe mer i utfordringen enn det som er åpenbart med en gang.

Idégenerering: Når utfordringen har blitt kartlagt og beskrevet kan teamet gå løs på idéene. Behovene som har blitt avdekket i neddykkingssteget blir utforsket og åpnet opp i dette steget, slik at de kan bli videreutviklet frem til forskjellige løsninger. Dette steget leder til identifiseringen av konsepter som man kan ønske å utvikle videre.

Konseptutvikling: I dette steget blir konseptet utviklet videre til et prosjekt. Et viktig forhold ved dette steget er å gjøre konseptet så levedyktig som mulig. Vil det overleve fra et forretningsperspektiv? Er det teknologisk mulig, og tilfredsstiller det hva deltakerne rundt prosjektet ønsker?

Prototyping: Prototyping krever at utvikleren gjør alle de nødvendige valgene, for at prosjektet blir så reelt som mulig. Derfor vil også prototyping hjelpe diskusjonen fra å handle om «hva dette kan være...» til «hva dette er...». En viktig del av prototyping er utprøving. Når prototypen er utprøvd vil du vite om du kan gå videre, eller om du må redesigne løsningen din.

Designtenkning kombinerer analytisk og intuitiv tankegang og tillater involvering av alle interessenter i en samarbeidsaktivitet. Formålet med dette samarbeidet er å skape en felles vei mot en solid løsning.*

---

* Inspirert av Roger Martin (2009)

OPPSTART

Noen tips før du setter i gang.

Steg-for-steg-prosessen fungerer best når man er flere som jobber sammen. Inkluder gjerne deltakere med ulik bakgrunn. Dette kan lede til nye perspektiver når idéer utforskes. Hvis du organiserer et slikt gruppearbeid er det noen tips vi ønsker å dele med deg:

Planlegge opplevelsen

Når du kjører gruppearbeidet som et seminar må hele opplevelsen være planlagt, fra deltakernes ankomst til de drar. For å etablere riktig stemning og få deltakerne til å slappe av er det viktig å planlegge hvordan dagen skal introduseres. I tillegg til stegene i øvelsen kan det være nyttig å inkludere en «velkomsthilsen» som forbereder deltakerne og en evalueringsøvelse (Sims, 2006). Det kan også være nyttig å forberede et par ekstra øvelser, som kan brukes hvis energinivået til deltakerne er lavt (for eksempel rett før og rett etter lunsjpausen). Siden kreativitet og glede over utviklingen ofte tar overhånd anbefales det å sette av tid til refleksjon mellom oppgavene eller stegene dersom målet er at deltakerne skal lære om designtenkning.

Miljø

For at gruppen skal arbeide effektivt er det viktig å skape det rette miljøet for åpenhet og deling. Tilretteleggelse for gruppearbeidet vil involvere forberedelsen av et egnet rom. Hvis mulig bør gruppene sitte slik at ingen har en dominerende rolle fra starten av (for eksempel ved å bruke et rundt bord). Du må også vurdere behov for tilgang på vann, godbiter og energiskapende aktiviteter. Disse kan hjelpe til med å opprettholde deltakernes motivasjon gjennom alle oppgavene.

Grunnleggende regler

Når man skal arbeide i grupper er det viktig å etablere en dynamikk hvor beslutninger ikke alltid er kompromisser, men er basert på anerkjennelsen av sterke konsepter som utvikles. For å oppnå dette er det nødvendig å etablere noen grunnleggende regler før man starter på denne veien inn i designtenkningens verden. Et aspekt med å definere disse reglene vil gå på strukturering av gruppen. Det er noen roller man må ha på plass for å sikre riktig gruppedynamikk:

En tidtaker

En tilrettelegger

En motivator

Andre regler kan omfatte hvor strengt gruppen skal følge tidsplanen, når man må konkludere, hvordan løse konflikter, hvordan man skal dokumentere idéene og hvorvidt beslutninger må baseres på enighet. Hvis disse reglene er definert før oppstart kan deltakerne bruke dem i løpet av prosessen. Dette kan forhindre konflikter i løpet av arbeidet eller at én person tar en dominerende rolle, spesielt når man skal beslutte hvilke idéer man skal utforske nærmere.

Tidsstyring

Tidsstyring er viktig siden deltakerne antagelig er nødt til å fullføre gruppearbeidet til en bestemt tid. Gruppedeltakerne vil måtte gå gjennom alle stegene og vil i de fleste tilfeller oppleve at de har begrenset med tid hvis de skal gjøre alle oppgavene. De vil antagelig trenge litt forsiktig oppmuntring for å gå videre til neste steg under arbeidet.

Gruppearbeid har sine begrensninger. «Rugetiden» (inkubasjon) er en viktig del av prosessen, siden gode idéer trenger tid for å utvikles.

Gruppearbeid er nyttig for å frembringe idéer og å dele forståelse, samt å ta beslutninger. Gruppearbeid er også nyttig i læringssammenheng og som en møteplass for ulike aktører slik at felles forståelse utvikles. Etter gruppearbeidet er det nødvendig å sette av tid til å se tilbake på hva som har blitt utviklet, komme med konstruktiv kritikk og videreutvikle arbeidet. Dette er en viktig del av å gjøre gjentagelser (iterasjoner) i designarbeid.

Verktøy

Verktøy i et gruppearbeid omfatter forberedte maler, metoder eller tilsvarende redskap som brukes for å hjelpe tankeprosessen eller for å strukturere arbeidet. Noen ganger vil du oppleve at verktøyene ikke passer helt til det du arbeider med og derfor må forandres. Andre ganger vil du oppleve at det å arbeide med blanke ark gir bedre hjelp enn å bruke verktøy.

Verktøyene som er foreslått i dette heftet er samlet fra flere kilder, og har i noen tilfeller blitt utviklet av forfatterne selv. En liste over ressurser som kan hjelpe deg å planlegge blir presentert på side 95.

Anbefalt materiell

Det følgende materiellet er anbefalt å ha tilgjengelig:

A4- eller A3-ark

Klebrige smålapper (for eksempel Post-it®)

Penner, blyanter og markeringspenner

Materiell for å lage prototyper: papp, esker, lim, lærerkitt, limbånd, farget papir, osv.

Forberedte verktøy for å hjelpe prosessen. Disse kan lastes ned som maler fra: www.brandvalley.co.uk/resources

STEG-FOR-STEG-PROSESSEN

Prosessen blir presentert som en serie med verbale og visuelle oppgaver.

Oppgavene gir en naturlig fremdrift som hjelper utviklingen av dine idéer. Du kan tilnærme deg bruk av disse oppgavene på forskjellige måter:

Som en øvelse for deg selv med penn og papir;

Som en samarbeidende skrivebordsdiskusjon med penn og papir;

Som et mer omfattende gruppearbeid med forskjellige visuelle hjelpemidler.

FASE 1
NEDDYKKING

«Dykk ned» i sammenhengen som prosjektet er del av og identifiser muligheter. Bli kjent med brukerne.

OPPGAVE 1.1

IDENTIFISER BRUKEREN

For å starte må du velge området du skal undersøke. Dette kan være ditt eget arbeidsområde, eller noe du har blitt bedt om å se nærmere på. Det kan også være en bestemt utfordring eller et spørsmål som du har

Identifiser en person eller profil som du ønsker å utvikle en ny løsning for. Dette kan være en målgruppe for din bedrift eller organisasjon, en intern interessent der du jobber, eller du kan bruke noen i «familietreverktøyet» (se neste side) som ditt oppstartspunkt.

RÅD: Hvis du har valgt en virkelig person, bør du snakke med og helst observere personen for å finne ut mer om hvordan du kan hjelpe personen.

Hva er utfordringen? _____
_____
_____
_____

Hvem er den utvalgte personen? _____
_____
_____
_____

Hva vet du om personen? _____
_____
_____
_____

Hvorfor valgte du denne personen? _____
_____
_____
_____

RÅD: Du trenger ikke å identifisere løsninger i dette steget. Du kan velge hvilket som helst tema du ønsker å se på. Utfordringen som har blitt valgt kan være noe du vil vite mer om, eller et spørsmål du har. Hvis du har mange forskjellige utfordringer du ønsker å se på, kan du skrive dem ned. Dette kan gjøre det lettere å velge én utfordring som tema for denne oppgaven.

Verktøy: **Hils på Willburns**

Under har vi skissert en fiktiv familie, the Willburns. Bruk hvilken som helst av disse figurene som din «bruker», eller bruk dette eksempelet til å skissere ditt eget «familietre» (kan også være basert på behov i jobb eller et annet sted).

82 YEARS OLD
GREAT - GRANDMOTHER
LIVES ALONE 20 MIN AWAY FROM HER FAMILY

INDEPENDENT

HAS HELP FROM THE LOCAL SERVICES ONCE A WEEK

ACTIVE SOCIAL LIFE

USES A READING AID

62 YEARS OLD

ACTIVE AND EXTROVERT
WORKS IN THE ART FIELD
PART OF THE ART COMMUNITY

INJURED HER HAND
WHILE GARDENING

ENJOYS SPENDING TIME
WITH HER GRANDDAUGHTER

29 YEARS OLD
SINGLE FATHER

WORKS IN THE TECHNOLOGY INDUSTRY

HAS LITTLE TIME FOR HOBBIES

DREAD TAKING PUBLIC TRANSPORT WITH HIS ACTIVE DAUGHTER

4 YEARS OLD
JUST STARTED HER FOUNDATION YEAR

LEARNING TO READ

RAPIDLY BECOMING MORE INDEPENDENT

LOVES PLAYING HIDE AND SEEK

LOVES HER GRANDMOTHER

OPPGAVE 1.2

IDÉMYLDRE ENDRINGSDRIVERE

Tenk på hvilke forhold som fører til endring i dagens samfunn. Er det, for eksempel, noen politiske endringer eller endringer i lovverket som påvirker utfordringen du har valgt i oppgave 1.1?

Idémyldre og velg relevante «endringsdrivere» som du mener vil kunne påvirke din utfordring. I denne oppgaven er det nyttig å strukturere idémyldringen gjennom PESTEL-verktøyet (Politisk, Økonomisk, Sosialt, Teknologisk, Miljømessig, Juridisk). Identifiser minst fem utviklinger som du tror vil påvirke utfordringen og brukeren du har valgt i oppgave 1.1.

RÅD: Utviklinger som skaper endringer i samfunnet kalles «endringsdrivere».
Nettstedet: www.driversofchange.com har flere trender og spørsmål som kan hjelpe deg å finne PESTEL-drivere.

_____
_____
_____
_____
_____
_____
_____
_____
_____
_____
_____
_____
_____
_____
_____
_____
_____
_____
_____
_____
_____

RÅD: Bruk PESTEL for å identifisere endringsdrivere. Dette kan for eksempel være ny politisk ledelse eller økt bruk av sosiale medier. En stor hendelse eller en trend kan også påvirke på tvers av kategoriene.

Verktøy: **PESTEL**

PESTEL	Fyll inn stikkord om trender og hendelser som kan være viktige
POLITISK	
ØKONOMISK	
SOSIALT	
TEKNOLOGISK	
MILJØ	
JURIDISK	

OPPGAVE 1.3

SCENARIOUTVIKLING

Målet med denne oppgaven er å utvikle tre fremtidsscenarioer.

Bruk «endringsdriverne» du har identifisert i oppgave 1.2, og forestill deg hvordan disse hendelsene og trendene vil utvikle seg gjennom de neste fem årene.

Ta utgangspunkt i den personen du har jobbet med frem til nå og beskriv nærmere hvordan trendene kan påvirke personen du utvikler en løsning for.

Slå sammen funnene dine slik at du får scenarioer som både ser på utvikling for enkeltmennesker og for hele samfunnet. Disse kan dekke hele spekteret fra verste til beste mulige utvikling.

> RÅD: Når du utvikler fremtidsscenarioer: Vær så presis som mulig. Identifiser interesser, hobbyer, måter å arbeide på, holdninger og verdier personen har, samt forhold som tvinges frem i samfunnet på grunn av endringsdriverne identifisert i oppgave 1.2. Bruk fantasien (innenfor hva som er relevant å bruke i scenarioet).

Verktøy: **PESTEL**

PESTEL	Forestill deg hvordan hendelsene/trendene identifisert i PESTEL-verktøyet i oppgave 1.2 har utviklet seg de neste fem årene.
POLITISK	
ØKONOMISK	
SOSIALT	
TEKNOLOGISK	
MILJØ	
JURIDISK	

Scenario 1: _____
_____
_____
_____
_____
_____

Scenario 2: _____
_____
_____
_____
_____
_____

Scenario 3: _____
_____
_____
_____
_____
_____

RÅD: Bruk hva som helst av materiale når du skriver ned dine idéer, da plassen i dette heftet er begrenset.

FASE 2

IDÉGENERERING

Utvikle mange idéer til potensielle løsninger for en utfordring. Utforsk mange idéer før man velger ut noen idéer å utvikle videre.

OPPGAVE 2.1:

IDENTIFISER MULIGHETER

Gå gjennom scenarioene du har utviklet, se etter utfordringer, muligheter eller behov som peker seg ut. Hva slags utfordringer eller trusler ser du? Er den første utfordringen som du identifiserte i oppgave 1.1 den mest relevante, eller er det andre utfordringer som det er viktigere å løse? Hva lærer du av sammenhengen utfordringene er del av, og hvor kan du knytte forbindelser mellom innsikter om personen og problemstillingen for å finne en løsning?

Spesifiser alle utfordringene og mulighetene du ser gjennom å skrive dem ned.

Velg ut én av utfordringene som du tror det kan være mulig å finne løsninger for.

Skriv om utfordringen slik at den fremstår som en mulighet.

> **I NØDSTILFELLER:** Foreta en avstemning dersom dere ikke kommer til enighet på en annen måte.

OPPGAVE 2.2:

KRONBLAD

Nå er det tid for å idémyldre ut fremtidige løsninger (idéer til produkter, tjenester, osv.). I denne oppgaven vil vi bruke et verktøy vi kaller «Kronblad».

Start med å skrive ned muligheten fra oppgave 2.1 og navnet på personen du definerte i oppgave 1.1, midt i Kronblad-verktøyet (se neste side).

Utforsk fire mulige underbehov med utgangspunkt i personen og muligheten, for eksempel:

> **Fysiologiske behov** (mat, vann, osv.)
>
> **Sosiale behov** (samvær, kultur, osv.)
>
> **Ideologiske behov** (verdisett, ytringer, osv.)
>
> **Funksjonelle behov** (forbedring, problemløsning, osv.)

Utforsk hva slags idéer som utnytter denne muligheten. Vær så bestemt som mulig.

Verktøy: **Kronblad**

Bruk kronbladverktøyet for å utforske ditt scenario.

1. Skriv hvilken person som er målet for løsningen og hva muligheten er.

2. Skriv ned fire underbehov.

3. Foreslå og utforsk idéer som kan imøtekomme denne muligheten.

RÅD: Fysiologiske behov har med en persons sanser å gjøre. Sosiale behov har med hvordan personen forholder seg til andre mennesker. Ideologiske behov handler om verdier. Funksjonelle behov knytter seg til hvordan personen kan løse en utfordring eller gjøre andre forbedringer (se Jordan 2000).

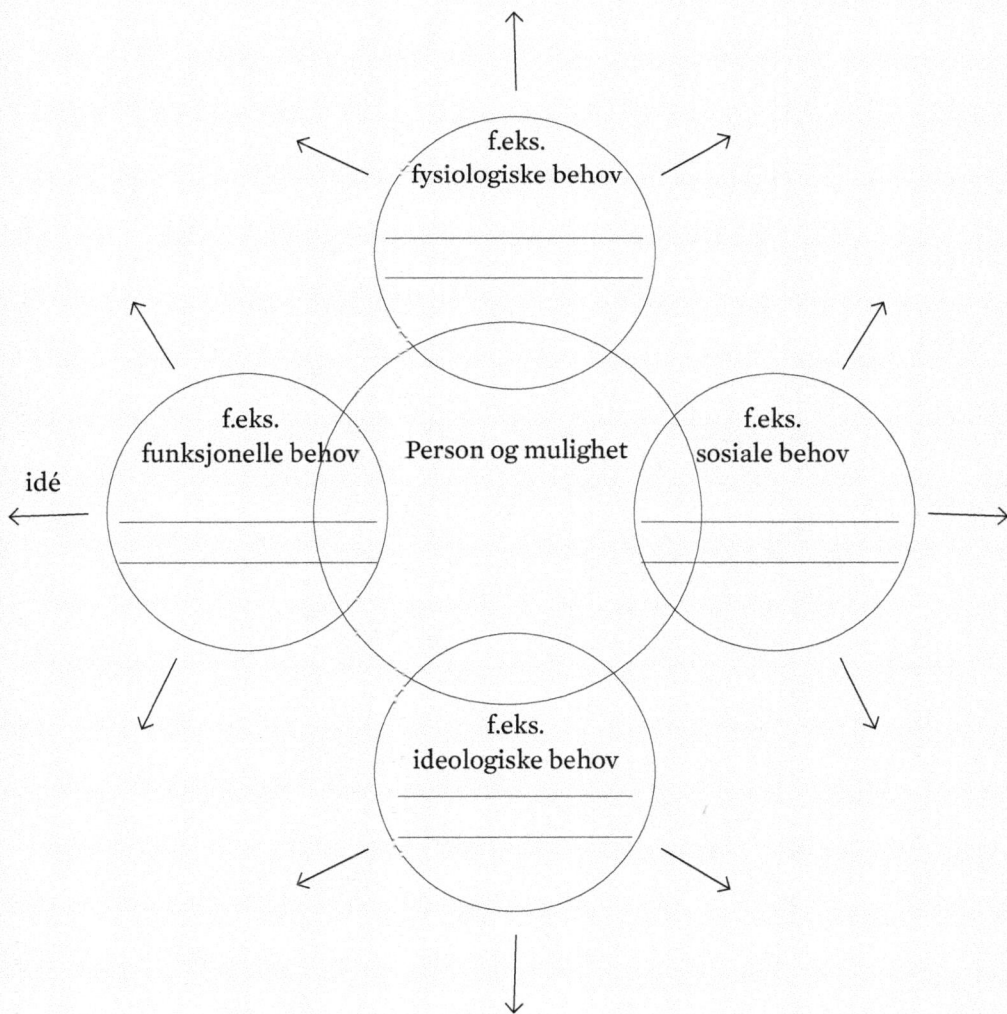

f.eks.
fysiologiske behov
_____
_____

f.eks.
funksjonelle behov
_____
_____

Person og mulighet

f.eks.
sosiale behov
_____
_____

f.eks.
ideologiske behov
_____
_____

idé

OPPGAVE 2.3:

TEGNE

Velg én idé hver (flere kan velge den samme om de ønsker det).

Hver deltaker skisserer opp idéen på et papirark, arket sendes så videre til neste person, som så kan legge til det denne personen synes passer.

Du kan deretter fortsette å sende arkene rundt, inntil alle har bidratt på hvert ark.

På slutten av denne øvelsen vi dere ha like mange idéer som mennesker i gruppen, og alle vil ha bidratt til utviklingen av alle idéene.

RÅD: Denne oppgaven er lettest å gjøre hvis dere arbeider i grupper. Hvis du jobber alene anbefaler vi at du velger tre idéer og skisserer ut hver av dem.

STEG 3
KONSEPTUTVIKLING

Beskriv hver idé mer detaljert slik at de oppleves ekte.
Evaluer idéene.

OPPGAVE 3.1

LAG EN LISTE MED KRITERIER

Bruk idéene som ble utviklet i oppgave 2.2 og 2.3. Diskuter idéene og kommenter spesielt på:

Hvor teknisk funksjonell vil hver løsning være?

Hvor praktisk anvendbar vil hver løsning være?

Hvor attraktiv vil hver løsning være?

Hvor gjennomførbar vil hver løsning være?

Hvilke løsninger ville dere brukt tid på å arbeide videre med?

Ut fra denne diskusjonen, lag en liste med kriterier. Gjennomgå deretter idéene og vurder dem ut fra listen. Dere skal da ende opp med én idé som er vurdert som best. Idéen kan bestå av flere idéer som er slått sammen til én.

> RÅD: Hvis du allerede vet hvilken idé som du ønsker å videreutvikle kan du forenkle denne oppgaven gjennom bare å lage listen over kriterier.

Hvor teknisk funksjonell vil hver løsning være? _____

_____

_____

_____

_____

Hvor praktisk anvendbar vil hver løsning være? _____

_____

_____

_____

_____

Hvor ønskelig vil hver løsning være? _____

_____

_____

_____

_____

Hvor gjennomførbar vil hver løsning være? _____

_____

_____

_____

_____

Hvilke løsninger ville dere brukt tid på å arbeide videre med?

_____

_____

_____

_____

Liste over kriterier:

_____

_____

_____

_____

_____

_____

_____

_____

_____

_____

_____

_____

_____

_____

_____

_____

_____

_____

_____

_____

_____

_____

_____

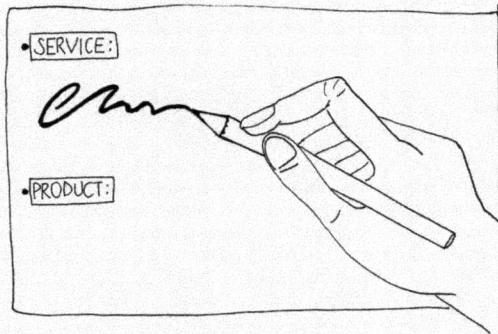

OPPGAVE 3.2

DEFINER OG KLARGJØR

Gjør idéen så realistisk som mulig. Lag ulike skisser av hvordan løsningen kan gjennomføres. For et produkt kan dette dreie seg om teknologi og vurderinger knyttet til produksjon. For tjenester kan det være aktuelt å vurdere antall brukere og organisatoriske forhold. Mens du utvikler idéen vil den gradvis gå over til å bli et produkt eller en tjeneste.

RÅD: Tegn produktet eller tjenesten fra flere perspektiver, trekk ut interessante detaljer eller egenskaper, og gjør produktet eller tjenesten mer virkelig mens du tegner. Ved å tegne løsningene lærer du mer om det du utvikler.

Det kan være en interessant øvelse å forsøke å gjøre det du utvikler til både en tjeneste og et produkt.

OPPGAVE 3.3:

BRUKERREISE

Gå tilbake til personen dere definerte som bruker i oppgave 1.1 og eventuelle andre brukere dere måtte ha definert i løpet av konseptutviklingen.

Diskuter hvordan dere ønsker at brukerne (eller brukeren) skal oppleve konseptet som ble definert i oppgave 3.2.

Skisser en steg-for-steg «brukerreise».

RÅD: Denne øvelsen tvinger dere til å se en idé gjennom brukerens øyne. Opplevelsen av tjenesten eller produktet vil variere, avhengig av brukerens tidligere erfaring. Det er mulig å utvikle flere brukerreiser.

---

oppdager   *blir*   *avgjør/*
                interressert   *kjøper*

RÅD: Vær spesifikk, og ta med minst fem stadier i brukerreisen. Konseptet vil trolig ha over 50 mulige stadier (fra langt før brukeren kjente til produktet eller tjenesten til lenge etter at bruken har skjedd).

Verktøy: **Brukerreise**

Brukerreisen omfatter alt det som skjer fra før
brukeren blir klar over produktet/ tjenesten,
til det øyeblikket de blir klar over produktet/
tjenesten, når de har kjøpt eller startet å bruke
produktet/ tjenesten, når produktet/ tjenesten blir
levert, samt opplevelser gjennom bruk og etter
bruk av produktet/ tjenesten.

mottar   tar i bruk   etter bruk

DESIGNTENKNING

FASE 4
PROTOTYPING

Gjør konseptet så virkelig og levende som mulig
gjennom å lage en prototype.

OPPGAVE 4.1:

PLANLEGG PROTOTYPEN

Nå burde dere ha en god nok forståelse for konseptet dere arbeider med til at dere kan utforme en prototype som kan brukes for å prøve ut idéene. Prototypen kan være en fysisk modell, en prosess, et rollespill, et gruppearbeid eller ta en annen form.

På neste side stilles noen relevante spørsmål som kan hjelpe dere igang.

RÅD: På dette stadiet anbefaler vi å ha flere grove prototyper, før dere bruker mye tid på å utvikle én fullt fungerende modell eller tilnærming.

Hvilke(n) del(er) av konseptet vil dere lage en prototype av?

_____

_____

_____

Hva slags ressurser har dere (papir, leire, tekstiler, mennesker, rom, osv.)? _____

_____

_____

_____

Hva vil dere oppnå gjennom å lage en prototype av konseptet?

_____

_____

_____

Hvor realistisk er det mulig å lage prototypen? _____

_____

_____

_____

Hvordan kan dere bruke informasjon du får gjennom å lage prototypen, i en redesign av konseptet? _____

_____

_____

_____

_____

_____

_____

_____

_____

_____

_____

_____

_____

_____

_____

_____

_____

_____

_____

_____

_____

_____

RÅD: Testingen må ta høyde for at det som er utviklet er på skissestadiet. Dette vil påvirke innspillene man får. Vurder hvordan dere kan få de innspillene dere trenger for å utvikle konseptet videre.

OPPGAVE 4.2:

UTPRØVING OG BEDØMMELSE

Finn ut gjennomførbarheten av prototypen ved å sammenligne og bedømme hvordan den fungerer opp mot kriteriene dere definerte i oppgave 3.1. La utprøvingen og bedømmelsen være så realistisk som mulig.

Diskuter hvilke antagelser dere har om konseptet som er viktig å få bekreftet eller avkreftet.

Prøv ut konseptet med folk som kan være i målgruppen for produktet eller tjenesten dere utvikler.

I denne fasen er det også viktig å se utenfor arbeidet dere gjør, for å se om dere har konkurrenter eller om det er andre dere kan lære av.

OPPGAVE 4.3:

REDESIGN OG GJENNOMFØRING

Bruk funnene fra utprøving i oppgave 4.2 for å forbedre og redesigne konseptet.

Husk at det kan ta tid å utvikle en fullkommen løsning. Hvert steg vil derfor gi verdifull informasjon som kan bli brukt i forbedringsarbeidet.

Hvis dere har utviklet noe dere er fornøyde med kan dere vurdere å gjennomføre konseptet.

Dette er det siste trinnet i denne steg-for-steg prosessen. Har du gjort alle de 11 foregående oppgavene, så er du med dette i mål!

HURRA! Gratulerer med en vel gjennomført designtenkningsprosess! Vi håper dere har hatt en interessant opplevelse.

DIPLOM

TILDELES

_____

For gjennomført designtenkningsworkshop.
Navn på prosjekt:

_____

Dato:

_____

Designtenkning er en helhetlig tilnærming
til utviklingsarbeid, hvor den grunnleggende
holdningen er et ønske om kontinuerlig forbedring.
Mennesker settes i sentrum. *

---

*Inspirert av Herbert Simons uttalelse om at
«designeren arbeider med hvordan ting bør være» (1984 [1969]).

BETRAKTNINGER

Hvordan steg-for-steg-prosessen forholder seg til en generell
designprosess

I dette kapittelet vil vi gjøre noen betraktninger om hvordan disse
stegene forholder seg til en generell designprosess. Vi vil også si
noe om hva du bør tenke på når du utvikler produkter og tjenester.

I likhet med en designprosess er steg-for-steg-prosessen
utviklet gjennom flere stadier. En designprosess starter ofte med
et utforskningsstadium, hvor målet er å forstå hvilken sammen-
heng utfordringen man har er del av. Når man har fått en oversikt
over utfordringen, blir denne skrevet om, og man er klar til å
utvikle idéer. I dette stadiet blir ett eller flere konsepter valgt ut
for videre utprøving og konseptutvikling. I det siste stadiet blir
konseptet utprøvd og evaluert.

I en virkelig prosess ville stadiene vært mindre lineære og
mindre klart avgrenset av en oppstart og slutt, og man ville gått
frem og tilbake mellom stadiene. En erfaren designer ville utviklet
det som måtte gjøres mens man lærte om sammenhengen, om
personene som er en del av denne og om det som ble utviklet.

Neddykking
Utgangspunktet i denne prosessen er å utvikle et scenario.
I et designprosjekt vil det første stadiet også inneholde omfat-
tende bakgrunnsundersøkelser. Man søker ofte å forstå per-

sonene som er en del av sammenhengen og/eller teknologien som er tilgjengelig. I en designprosess er utforskning viktig for å klarlegge fakta, men også for å få inspirasjon. Den består av strukturert datainnsamling, prøvetagning og undersøkelser. Den består også av en sanselig utforskning av området, av problemstillingene eller av materialer. Det må gjøres en bred utforskning i denne fasen. Da kan designeren gå inn på områder som ikke umiddelbart ser relevante ut, men som kan gi interessant innsikt etter hvert som prosjektet går videre.

Senere i prosessen, når konseptet er videre definert, vil det gjøres mer systematisk utforskning av nøkkelområder. For et fysisk produkt vil dette omfatte materialer og teknologi, eller et dypere dykk ned i brukernes verden. Det er viktig ikke å la dette begrense prosessen gjennom bare å vektlegge analytiske aspekter og fastsatt innsamling av data. En sanselig utforskning av sammenhengen er viktig å ha med, slik at uventede endringer og innovative løsninger ikke forhindres fra å vokse frem. Det er like viktig å identifisere fraværet av tidligere utforskning eller produkter, og finne ut hvorfor det er slik at få eller ingen har sett på problemstillingen før.

Idégenerering

I dette stadiet utforsker deltakerne forskjellige muligheter som er identifisert, og potensielle løsninger for å utnytte mulighetene. Kronblomstverktøyet er en semistrukturert tilnærming til idémyldring. Det tillater deltakerne å utforske forskjellige løsninger.

Idégenereringsstadiet vil alltid inneholde en form for idémyldring, enten alene eller i grupper. Et viktig aspekt å huske på i idémyldring er å unngå kritikk eller legge begrensninger for tidlig, men å åpne diskusjonen opp for en rekke forskjellige løsninger. Denne teknikken er også en måte å fjerne klisjeer på og å utforske andre løsninger. Gjennom å veksle mellom idémyldring alene og gruppevis, vil man kunne drive prosessen videre, samtidig som man også skaper eierskap i gruppen til det som blir utviklet. Dette stadiet av idégenereringen kan bli beskrevet gjennom en «Ja, óg...» (i stedet for «Nei, men...») holdning. Målet er å utvikle så mange idéer som mulig og bygge videre på alle idéene dere produserer sammen. I idégenereringsstadiet er det viktig at utforskningen av forskjellige løsninger ikke er basert på en forutinntatt preferanse for en bestemt løsning. Så snart gruppene har kommet opp med en rekke idéer, kan disse vurderes og utdypes i større detalj. En viktig del av idégenerering er å sette av «rugetid», hvor idéene kan modnes.

Konseptutvikling

I den videre utviklingen er det viktig å møte idéene med konstruktiv kritikk og spørsmål, slik at de kan utvikles fra idéer til gode og levedyktige konsepter. I dette stadiet går dere over til å møte idéene med en «Ja, men...»-holdning. Konstruktiv kritikk er like viktig i konseptutviklingen som det å være åpen for nye innspill. Eksperten vil beherske begge tilnærminger og behandle dem med lik vekt.

Konseptutviklingen vil inkludere en detaljert definisjon av hva idéen dreier seg om Det vil utvikle prosjektet fra noe som er løst definert til et konsept som er så virkelig som mulig. I denne prosessen vil man ta en rekke viktige beslutninger, som former retningen på prosjektet.

Mange mennesker ser ut til å tro at det er her designprosessen starter, men som steg-for-steg-prosessen viser er dette midten (og her det tredje stadiet) av designprosessen.

I prosessen som er beskrevet i dette heftet inkluderer dette stadiet utforskningen av konseptet både som en tjeneste og et produkt. Dette er gjort for å undersøke hele potensialet idéen har. De fleste bedrifter og deres tilbud til markedet vil ha både tjeneste- og produktkomponenter. Ruteflygning vil kanskje være en tjeneste, men det er nødvendig med mange produkter for å gjøre det mulig. Det samme kan gjelde produkter, og kanskje er det oppmerksomhet om tjenestedelen av hva som tilbys som vil gjøre at produktet skiller seg fra mengden. En annen viktig bestanddel i prosessen er «reduksjonsfasen». Denne delen av designprosessen krever mye tid. Den vil mest sannsynlig inneholde mange timers utviklingsarbeid for å komme til kjernen i idéen. I konseptutviklingsstadiet vil designeren ofte måtte gjennomføre en annen runde med utforskning og man kan også måtte utvikle nye idéer. I utforskningen vil man identifisere informasjon som man trenger for å få riktige materialer, teknologi, osv.

Prototyping

Prototyping kan spille en viktig rolle, både i idégenerering og konseptutvikling. Vi har definert det som et eget stadium, for å sikre at denne aktiviteten får den oppmerksomheten den fortjener.

Prototypestadiet er også en del av arbeidet med konseptet. Det er prototypen som gjør at teamet kan utforske en håndgripelig versjon av det som utvikles. Dette er et viktig punkt, siden det tillater designeren å se på produktet med riktige dimensjoner og fra alle vinkler. Det er også et viktig stadium i tjenesteutvikling, siden det vil gjøre det mulig å levendegjøre en tjeneste man ikke kan ta og føle på. Rollespill er en ofte brukt tilnærming for å simulere hvordan en tjeneste kan fungere. Avhengig av budsjett kan man også bruke profesjonelle skuespillere.

En viktig del av prototyping er å få en virkelig forståelse av hvordan konseptet vil virke, før man investerer tid og ressurser i å lansere produktet eller tjenesten i den virkelige verden.

HVA ER DESIGNTENKNING?

En akademisk refleksjon over begrepet designtenkning.

Designtenkning er et sammensatt begrep som er i endring. Det er ikke lett å formulere én enkel definisjon som omfavner alt hva designtenkning er. Dette er heller ikke nødvendig. Vi legger vekt på følgende:

> *Designtenkning er en helhetlig tilnærming til utviklingsarbeid, hvor den grunnleggende holdningen er et ønske om kontinuerlig forbedring. Mennesker settes i sentrum.*

> *Designtenkning er refleksjon gjennom handling. Dette betyr at fremgangsmåten og løsningen på utfordringen blir til mens man arbeider.*

> *Designtenkning kombinerer analytisk og intuitiv tankegang og tillater involvering av alle interessenter i en samarbeidsaktivitet. Formålet med dette samarbeidet er å skape en felles vei mot en solid løsning.*

Det første avsnittet er vår egen definisjon og inkluderer en holdning som påvirker måten å tenke på, hvor man forplikter seg til en konstant endringsprosess. Menneskene man utvikler løsningen for vil være en sentral motivasjon og inspirasjon for forbedringsarbeidet.

Denne definisjonen er inspirert av den amerikanske samfunns-viteren, informatikeren og Nobelprisvinneren i økonomi Herbert Simons (1984 [1969]) uttalelse om at «designeren arbeider med hvordan ting bør være». Den andre delen, «Designtenkning er refleksjon gjennom handling», er basert på observasjonene til den amerikanske filosofen og organisasjonsteoretikeren Donald Schön (2011 [1959]) av hvordan designere arbeider. Han observerte designeres arbeid med å bygge prototyper, og hvordan designerenes forståelse av utfordringen vokste mens de bygget. Designprosessen tvang designerne til å ta beslutninger mens de bygget prototypen. De forpliktende aspektene ved disse beslut-ningene hjalp fremdriften i arbeidet.

Den tredje delen av forklaringen, «designtenkning kombinerer analytisk og intuitiv tankegang» er inspirert av den kanadiske økonomen og strategiforskeren Roger Martins (2009) definisjon av hva designtenkning er. Han sier at det finnes to forskjellige tilnærminger til kreativitet. Én er den analytiske tilnærmingen, som bygger på analyse og faste strukturer for å utvikle idéer. Den andre er intuitiv, og bygger på magefølelse og å ta beslutninger uten å tenke gjennom og planlegge først. Ifølge professor Martin er designtenkning en måte å kombinere disse tilnærmingene.

I tillegg vil vi gjerne utvide dette gjennom å legge til samar-beidet som ligger til grunn for moderne designprosesser. En viktig del av designprosessen er et ønske om å komme opp med en sterk idé eller et konsept som driver utviklingsprosessen videre. Uten et sterkt konsept som gjennomsyrer hele løsningen blir ikke utviklingen anerkjent som «designarbeid», eller iallfall ikke godt designarbeid.

Felles for alle disse tre delene er at design handler om utvikling og prosess. Forskjellen fra andre innovasjon- og ledelsesprosesser er at design ikke følger en fast prosedyre, men endrer seg alt etter hvilken sammenheng man arbeider i. På grunn av denne konstante endringen handler det å forstå designtenkning om å akseptere at begrepet «designtenkning» ikke vil være fullstendig fastlagt i en kort definisjon eller kan læres gjennom en enkel metode. Imidlertid kan det oppleves, og læres gjennom praksis.

Dette heftet er et forsøk på å gjøre designtenkning mer håndgripelig gjennom en steg-for-steg-prosess som speiler en generisk designprosess. Bak steg-for-steg-prosessen er det noen vesentlige prinsipper.

DESIGNPRINSIPPER

Designtenkning er bygget på flere prinsipper. Designforskeren Monika Hestad (forfatter av dette heftet) har, sammen med design- og innovasjonsforsker og filosof Jamie Brassett, gått gjennom viktig designlitteratur for å se etter hvilke prinsipper som ligger til grunn for designtenkning (2013). De har identifisert prinsipper som dekker bredden av hva designtenkning er. Prinsippene er videreutviklet av oss til ti prinsipper gjennom undervisning og praksis. Disse prinsippene kan være til god hjelp, og når du behersker dem vil du kunne gå forbi «design-tenkning» som et moteord og bli en designtenker selv.

1. Undring

Design starter ofte med at man undrer seg over noe som berører en selv eller andre (Martin, 2009). Før man kommer opp med en idé som leder til en løsning starter vi ofte med et spørsmål. Dette kan være «Hvordan vil verden se ut ti år fra nå?», noe som er et stort spørsmål uten et klart svar. Så snart du har stilt spørsmålet kan du imidlertid åpne opp for mange løsninger, og forestille deg hva verden kan utvikle seg til.

2. Lær om sammenhengen

For å kunne se hvordan forskjellige deler av arbeidet forholder seg til hverandre må designeren også kunne forstå sammenhengen arbeidet er del av. Hvis det er en tjeneste som skal utvikles vil sammenhengen kunne inkludere bedriftens eller organisasjonens historikk, kultur, merkevare eller produkter. Det kan også handle om markedet med leverandører, konkurrenter og kunder. Sammenhengen vil også omfatte de endringsdrivere som påvirker samfunnsutviklingen innenfor politikk, økonomi, sosiale og demografiske forhold, teknologi, miljø og juridiske eller andre endringer. Utforskning er ikke bare noe du gjør i starten av prosessen, men en aktivitet som må foregå gjennom hele prosessen.

3. Identifiser hva folk verdsetter

Det er en grunn til at bedrifter og organisasjoner eksisterer. Grunnen til at vi kjøper et produkt eller en tjeneste er at det gir oss noe vi verdsetter. I designsjargongen er det ofte et mål å se etter hva folk behøver. «Behov» i design er ikke så konkret som at «jeg trenger en mobiltelefon». Det går dypere enn som så. Det handler om å finne folks indre behov. Mobiltelefonen, for eksempel, tilfredsstiller folks behov for praktisk kommunikasjon og sosial samhandling, men den kan også være et verktøy for å gi en følelse av sikkerhet eller for å uttrykke din identitet. Gjennom å forstå de underliggende årsakene som driver folks oppførsel kan vi foreslå nye produkt og tjenester, som skaper nye behov og etterspørsel.

4. Zoome inn og ut

I design er det viktig å ha smal og detaljert oppmerksomhet om oppgaven du arbeider med, men samtidig må du se det større bildet. Denne balansen må du ha gjennom hele designreisen. Når du har utformet et produkt, en tjeneste eller en forretningsmodell vil både mindre detaljer og det større bildet være viktig. Du må tillate deg selv å ta et steg tilbake og se på hva du har utviklet, både med ditt eget blikk og fra andres syn på verden. Design hører til i en sammenheng, og du må derfor alltid utforske og lære mer om denne. Å zoome inn og ut er en viktig del av din samhandling med løsningen du utvikler, og å se det du utvikler som del av et større bilde for å forstå relevansen av det.

5. Utforsk i forskjellige retninger og trekk det så sammen (divergerende og konvergerende)

Når vi utvikler løsninger vil prosessen ha faser som er divergerende. Det vil si man utforsker i forskjellige retninger, hvor det handler om å tenke bredt. Prosessen vil også ha konvergerende faser hvor man trekker innsikter sammen i én retning, og hvor målet er å binde samme alle tankene (Gray et al. 2010). I stegene hvor tankene går i forskjellige retninger vil du søke forskjellige former for innspill. Målet med disse stegene er å utforske så mange konsepter som mulig. Det handler om å lytte til og å bygge på hverandres idéer. Når vi begynner å vurdere og beslutte hvilke idéer vi vil gå videre med, lukker vi denne delen av utforskningen og går over i en samlende fase. Målet da er å samle oppmerksomheten om færre muligheter og utvikle idéene gjennom å komme med konstruktiv kritikk. I denne fasen ønsker vi å komme opp med en rasjonell løsning for konseptet. Prosessen hvor man veksler mellom divergerende og konvergerende tenkning er ikke bare nyttig i idégenereringsfasen, men kan brukes gjennom hele utviklingsarbeidet, for å utforske konseptet som er under utvikling.

6. Iterer (gjenta) og reduser

Gjentagelse hvor man lærer og utforsker, eller iterasjoner i design innebærer å gjennomføre samme type aktivitet flere ganger for å komme tettere på kjernen av utfordringen. Når kjerneidéen har blitt definert vil designteamet arbeide med skisser av det samme gang etter gang. I hver skisse blir noe utforsket og designeren kommer nærmere en løsning. Design forsøker ofte å søke mot forenkling. Dette betyr at hovedkonseptet blir bearbeidet gang etter gang, for å gjøre det så enkelt og lett tilgjengelig som mulig.

7. Sammenstill flere menneskers synspunkt

Det er viktig å forstå andre personers situasjon og forsøke å forstå situasjonenn for dem man designer for, siden løsningen man utvikler i de fleste tilfeller vil bli brukt av noen andre enn designteamet. Designere forsøker å observere produktet eller tjenesten gjennom øynene til andre aktører som er involverte. Dette kan være brukerne, kunden, tjenesteleverandøren eller noen andre som har en interesse i produktet eller tjenesten. Empati i en designsammenheng kan være vanskelig å oppnå uten å selv ha følt problemstillingen på kroppen. Dersom det er mulig vil det derfor være en fordel å oppleve problemstillingen selv. I tillegg må man så tidlig som mulig i utviklingsprosessen søke innspill fra forskjellige interessenter.

8. Inkluder både analyse og intuisjon

Man tar en rekke beslutninger når man designer. Dette betyr at tankevirksomheten både vil være basert på umiddelbare oppfatninger og på nærmere analyse (Martin, 2009). I designprosessen er det viktig å utvikle en liste over kriterier som designet skal tilfredsstille. Dette starter fra begynnelsen av prosessen, med utvikling av prosjektorienteringen. Jo mer du lærer om konseptet og sammenhengen du designer noe for, jo mer detaljert er det mulig å gjøre denne listen over kriterier.

Listen over kriterier har ofte fire nøkkelemner (fra The Helen Hamlyn Centre for Design, ved Royal College of Art, London):

Brukervennlig – hvor lett er det å bruke, og er det noen enestående eller sjeldne brukerscenarioer som man må ta hensyn til.
Attraktivt – hvor ønsket er konseptet; dette bør inkludere både estetiske og helhetlige vurderinger.
Gjennomførbart – hvor mulig er det å produsere eller implementere løsningen, og hvor godt vil løsningen tilfredsstille spesielle forhold som er knyttet til leveranse eller forretningsmodell.
Funksjonelt – hvilke funksjoner har løsningen, og hvordan vil løsningen tilrettelegge for disse.

9. Visualiser og prototype

Visualisering har flere formål i utvikling av idéer. Visualisering er en måte å tenke på mens idéene utvikles. Designeren kan starte med en første idé eller tanke og bruke skisser for å utvikle denne videre. Visualisering er også et medium for å kommunisere og dele idéer. Dette er spesielt viktig når man samarbeider i grupper. Medlemmene av gruppen vil oppleve at de kan etablere en felles visjon for hva de utvikler dersom de visualiserer idéen sammen gjennom tegning. Mange vil frykte at de ikke er i stand til å visualisere sine idéer fordi de mangler trening i tegning. En måte å komme forbi dette på kan være å klippe ut bilder fra magasiner og lage en collage av konseptet, eller bare å akseptere at det ikke er skjønnheten i tegningen som er viktig, men heller at alle som er involvert forstår idéen som har blitt uttrykt.

Designere bruker prototyper som en måte å teste idéer på. I begynnelsen av designprosessen er det mulig å utvikle tidlige fysiske modeller som kan virke som skisser. Disse tidlige prototypene eller røffe modellene kan bli bygget raskt for å utvikle en idé som designerne ønsker å teste, som del av eller hele konsep-

tet. Når man lager prototyper vil designerne måtte gjøre valg.
Prototyping er ikke begrenset til fysiske produkter, men kan også
brukes for tjenester.

For tjenester vil en «pilot» være en form for prototype. Her
vil viktige interessenters roller kunne spilles ut eller bli simulert
for å lære mer om bruk av tjenesten.

10. Vær optimistisk

Problemer har sjeldent bare én løsning, ofte har de mange. Denne
optimistiske tilnærmingen til løsninger er viktig i utviklings-
prosessen. Gjennom prøving og feiling vil arbeidet også kunne
bli interessant og morsomt. I prosessen er det også viktig at du
tillater deg selv å ta pauser. En lang tur eller å gjøre andre nød-
vendige oppgaver kan være hva du trenger for at underbeviss-
theten vil fortsette å jobbe videre med idéene.

Steg-for-steg prosessen i heftet og prinsippene er utviklet for å
gi en smakebit av hva designtenkning kan tilføre ledere. Donald
Schön introduserte idéen om at ledere skulle lære av denne til-
nærmingen allerede i 1959. Nå, snart 60 år etter, er tankene hans
fortsatt relevante.

Vi oppfordrer dere som tester ut prosessen til gradvis å til-
passe den til egen virksomhet, samt å innføre prinsippene i hver-
dagen. Gjennom å omfavne et tankesettet med personen i sen-
trum og med et ønske om kontinuerlig forbedring, samt utforske
prinsippene, kan man komme dypere inn i hva som menes med
designtenkning. Da kan man også oppleve hvordan tankesettet til
designere både kan utvikle levedyktige organisasjoner og men-
ingsfulle produkt og tjenester.

Ressurser

Referanseliste, anbefalte tilleggsressurser og verktøy.

Design og designtenkning er felt i stor utvikling. Derfor er mange ressurser tilgjengelige. Under finner dere noen verk som har inspirert oss mens vi utviklet denne prosessen. Dette omfatter verk av forskere og praktikere, som anerkjennes som ledere innen designtenkning og designfeltet. Referansene innen designtenkning inkluderer forkjempere for begrepet, kritikere og noen historiske perspektiver. Vi har også tatt med noen klassiske publikasjoner om design, som vi har funnet spesielt nyttige når vi ville forstå mer om hvordan designere tenker og arbeider. Ressursene merket «verktøykasse» er nyttige bøker. Disse gir et bredt utvalg av verktøy som kan brukes i de forskjellige stadiene i prosessen.

Design og designtenkning

Abbing, R. Eric. (2010). *Brand-driven Innovation: Strategies for Development and Design*. London: Ava Publishing.

Brown, Tim. (2008, June). Design Thinking. *Harvard Business Review,* 84–92.

Brown, Tim and Wyatt, Jocelyn. (2010, Winter). Design Thinking for Social Innovation. *Stanford Social Innovation Review*. Retrieved August 07, 2016, from http://ssir.org/articles/entry/

design_thinking_for_social_innovation.

Cisco (2016, June 02). The Zettabyte Era—Trends and Analysis. San Francisco. CA: *Cisco Systems, Inc.* Retrieved August 07, 2016, from http://www.cisco.com/c/en/us/solutions/collateral/service-provider/visual-networking-index-vni/vni-hyperconnectivity-wp.html

Cross, Nigel. (2006). *Designerly Ways of Knowing*. London: Springer-Verlag.

Dorst, Kees. (2003). *Understanding Design: 150 Reflections on Being a Designer*. Amsterdam: BIS Publishers.

Farstad, Per og Jevnaker, Birgit Helene. (2010) *Design i praksis: Designledelse og innovasjon*. Oslo: Universitetsforlaget.

HBR. (2015, September). Spotlight Section 'The Evolution in Design Thinking', *Harvard Business Review*. Retrieved August 07, 2016, from https://hbr.org/archive-toc/BR1509.

Hestad, Monika and Brassett, Jamie. (2013 May 14-17). Teaching 'design thinking' in the context of Innovation Management—from process to a dialogue about principles. *Conference paper at DRS // CUMULUS Oslo 2013 - The 2nd International Conference for Design Education Researchers*. Oslo.

Jordan. Patrick.(2000). *Designing Pleasurable Products: An Introduction to the New Human Factors*. London: Taylor & Francis.

Kimbell, Lucy. (2011). Rethinking Design Thinking: Part 1. *Design and Culture, 3*(3). Retrieved August 07, 2016, from http://www.tandfonline.com/doi/pdf/10.2752/175470812X13281948975413

Kimbell, Lucy. (2012). Rethinking Design Thinking: Part II. *Design and Culture, 4*(2), 129-148. Online
Retrieved August 07, 2016, from http://www.tandfonline.com/doi/pdf/10.2752/175470812X13281948975413

Lawson, Bryan. (1997). *How Designers Think: The Design Process Demystified.* Oxford: Architectural Press.

Liedtka, Jeanne, King, Andrew and Bennett, Kevin. (2013). *Solving Problems with Design Thinking.* New York: Columbia Business School.

Lockwood, Thomas, ed. (2010). *Design Thinking: Integrating Innovation, Customer Experience, and Brand Value.* New York: Allworth Press.

Martin, Roger. (2009). *The Design of Business: Why Design Thinking is the Next Competitive Advantage.* Boston, MA: Harvard Business Press.

McCullagh, Kevin. (2010, Mars 29). Design Thinking: Everywhere and Nowhere, Reflections on The Big Re-think. *Core77*. (29 March). Retrieved August 07, 2016, from www.core77.com/blog/featured_items/design_thinkingeverywhere_and_nowhere_reflections_on_the_big_re-think_16277.asp.

Mulgan, Geoff. (2013). Design in Public and Social Innovation - What works, and what could work better. *Nesta*. Retrieved August 07, 2016, from: http://www.nesta.org.uk/publications/design-public-and-social-innovation

Neumeier, Martin. (2009). *The Designful Company: How to Build a Culture of Nonstop Innovation.* Berkeley, CA: New Riders.

Norman, Donald and Verganti, Robert (2014). Incremental and Radical Innovation: Design Research vs. Technology and Meaning Change. *Design Issues,* 30(1), 78–96.

Schön, Donald. (2011 [1983, 1991]). *The Reflective Practitioner.* Farnham: Ashgate.

Simon, Herbert A. (1994). *The Sciences of the Artificial.* 2nd ed. Cambridge, MA: The MIT Press.

Stamm, Bettina von. (2008). *Managing Innovation, Design and Creativity.* London: Wiley.

Tovey, Mikey (2009). The Passport to Practice. S. Garner & Chris Evans. (Eds.) *Design and Designing: a critical introduction.* (82–96). London: Berg Publisher.

Vavik, Tom og Øritsland, Trond Are. (1999). *Menneskelige aspekter i design. En innføring i ergonomi.* Trondheim: Tapir Trykk.

Verganti, Roberto. (2009). *Design-Driven Innovation. Changing the rules of competition by radically innovating what things mean.* Boston, MA: Harvard Business Press.

Verktøykasse

Gray, Dave, Brown, Sunny and Macanufo, James. (2010). *Game Storming: A Playbook for Innovators, Rulebreakers and Change-makers.* Cambridge: O'Reilly Media.

Silverstein, David, Samuel, Philip and DeCarlo, Neil. (2009). *The Innovator's Toolkit: 50+ Techniques for Predictable and Sustainable Organic Growth.* Hoboken, NJ: John Wiley & Sons.

Sims, Nikki Highmore. (2006). *How to Run a Great Workshop*. Harlow: Pearsons.

Stickdorn, Marc and Schneider, Jakob. (2010). *This is Service Design Thinking: Basics – Tools – Cases*. Amsterdam: BIS Publishers.

Nettbaserte ressurser og verktøykasser

Maler for alle verktøyene i denne steg-for-steg-prosessen ligger på www.brandvalley.co.uk/resources

Alle referansene i dette heftet var tilgjengelige 7. august 2016. Dersom nettreferansene blir flyttet anbefales det å gjøre et søk på navnene i referansen.

Brand Valley
www.brandvalley.co.uk/resources

Oversikt over ulike verktøy:
www.mappingsocialdesign.org/2013/11/19/mapping-social-de-sign-practice-beyond-the-toolkit/

Arup Foresight Drivers of Change
www.driversofchange.com/make/research/doc/

British Design Council
www.designcouncil.org.uk
www.designcouncil.org.uk/news-opinion/design-pro-cess-what-double-diamond

Core 77 (design magasin and ressurer)
www.core77.com

Design Management Institute
www.dmi.org

Design Thinking for Educators
www.designthinkingforeducators.com

Learning graphic facilitation (Biggerpicture.dk)
https://www.youtube.com/watch?v=S5DJC6LaOCI

Harvard Business Review
https://hbr.org
https://hbr.org/video/4443548301001/the-explainer-design-thinking

Ideo.org ressursside
http://www.designkit.org/methods

Lucy Kimbell and Joe Julier, The Social Design Methods Menu:
In Perpetual Beta
www.lucykimbell.com/stuff/Fieldstudio_SocialDesignMethods-Menu.pdf

Ken Robinson, 'Do Schools Kill Creativity?', TED Talks
www.ted.com/talks/ken_robinson_says_schools_kill_creativity

IDEOs metodekort
www.ideo.com/work/method-cards/

The Helen Hamlyn Centre for Design
www.hhc.rca.ac.uk
www.inclusivedesigntoolkit.com/betterdesign2/whatis/whatis.html

OM LAGET BAK HEFTET

Monika Hestad - Grunnlegger, forfatter og konseptutvikler
Monika er grunnlegger av Brand Valley og har arbeidet innen industridesign og forretningsutvikling i mer enn et tiår. Hun har vært ansvarlig for å utforme helheten i dette heftet, lede prosjektet, skrive teksten og å tilrettelegge leveransen. I tillegg til å arbeide i Brand Valley, underviser hun på Central Saint Martins, University of the Arts London. Hun bidrar jevnlig med innsikt innen design, merkevarebygging og innovasjon til forretningsdrivende i Europa og Asia. Monika er utdannet sivilindustridesigner og har en doktorgrad (PhD) i industridesign og merkevarebygging, begge fra Arkitektur- og designhøgskolen i Oslo (AHO). Hun er forfatter av boken *Branding and Product Design: An Integrated Perspective* (2013, utgitt av Gower i Storbritannia og Ashgate i USA; siden 2016 av Routledge).

Anders Grønli- Forfatter og redaktør
Anders er medgrunnlegger av Brand Valley. Han har også bidratt til utviklingen av heftet fra et perspektiv utenfor design. Videre har han oversatt heftet fra engelsk til norsk. Han er utdannet statsviter og har bakgrunn fra konsulentvirksomhet, myndigheter og politikk. Han arbeider nå innenfor strategisk sikkerhetsstyring. Han har en mastergrad i global sikkerhet fra Cranfield University og det britiske forsvarsakademiet, en bachelorgrad i organisasjonspsykologi og statsvitenskap fra Universitetet i Oslo.

Silvia Rigoni– Forfatter, illustratør og konseptutvikler
Silvia ble del av teamet bak dette heftet høsten 2012. Hun har
vært involvert i utviklingen av konseptet, både til gruppearbeidet
og til dette heftet, vært ansvarlig for å illustrere heftet og å levere
gruppearbeidet hos Innovation Leadership Forum. Silvia har en
sammensatt faglig bakgrunn fra produktdesign, prosjektledelse
og innovasjonsledelse. Hun er fulltidsansatt hos The Future
Company i London. Hennes lidenskap og spesialitet er innovasjon innen mat og helse. Hun har en bachelorgrad i industridesign fra Instituto Europeo di Design i Roma og en mastergrad i
innovasjonsledelse fra Central Saint Martins, University of the
Arts London.

Ingvild Digranes - Fagredaktør
Ingvilds bakgrunn er i kunst- og designutdannelse, og hun er
førsteamanuensis ved Høgskolen i Oslo og Akershus. Hun underviser i undervisningsteori, lærings- og læreplanteori og undervisningsmetode i spesialiserte fagdidaktikkurs for Praktisk pedagogisk utdanning (PPU) for designere, arkitekter og kunstnere.
Ingvild har doktorgrad (PhD) i kunst- og designutdannelse fra
Arkitektur- og designhøgskolen i Oslo.

Marianne Lydersen – Designredaktør
Marianne har laget layouten på dette heftet. Før hun startet i
Brand Valley i 2015, arbeidet hun nesten ti år som selvstendig
designer. Hun har startet firmaet All Pine Press, som hun fremdeles driver og som utvikler og selger høykvalitets notatbøker og
gavepapir. Marianne har en mastergrad i interaksjonsdesign fra
Arkitektur- og designhøgskolen i Oslo, og en bachelorgrad i grafisk
design fra Central Saint Martins, University of the Arts London.

Bettina von Stamm - Gjesteforfatter

Bettina har arbeidet med forståelse av innovasjon og etablering av dette som begrep siden 1992. Hun driver eget firma, Innovation Leadership Forum, og vektlegger hvordan man i det 21. århundret må ta hensyn til «den tredelte bunnlinjen», planet, mennesker og profitt, i alt innovasjonsarbeid. Hun driver omfattende talevirksomhet over hele verden, og har gitt ut bøkene *The Future of Innovation* (med Anna Trifilova, Gower, 2009), *Managing Innovation, Design and Creativity* (Wiley, 2008) og *The Innovation Wave: Addressing Future Challenges: Meeting the Corporate Challenge* (Wiley, 2002), samt en rekke artikler. Bettina er utdannet arkitekt fra Christian-Albrechts-Universität zu Kiel, har en MBA og doktorgrad (PhD) i designledelse fra London Business School (sistnevnte med tittelen *The Impact of Context and Complexity in New Product Development*).

BRAND VALLEY PUBLICATIONS

Brand Valleys arbeid bygger på mer enn et tiårs forskning i merkevarebygging, design og innovasjon, med et kontinuerlig ønske om å utvikle og dele kunnskap på tvers av disse fagene. Formålet med heftene («The little booklets on...») er å tilrettelegge for virksomhet i det postindustrielle samfunnet. Heftene bygger på en tro om at folk responderer på organisasjoner som er kreative, integrerte, verdiorienterte, reflekterende og bærekraftige.

Alle heftene er samarbeidsprosjekter som Brand Valley har med partnere i akademia eller andre konsulentfirma.

Brand Valley Publications er forlagsdelen av Brand Valley Design Ltd (Storbritannia) og Brand Valley AS (Norge).

www.brandvalley.no
publications@brandvalley.no
Facebook: @BrandValley
Twitter: @BrandValley

TAKK

Forfatterne ønsker å takke Bettina von Stamm for tilliten og engasjementet i å levere gruppearbeidet til 7th Innovation Leadership Experience Event i Innovation Leadership Forum Networking Group. Vi vil også takke deltakerne i gruppearbeidet for verdifulle tilbakemeldinger, studentene på masterprogrammet i innovasjonsledelse ved Central Saint Martins, studentene i kort-kurset i «Business Design» ved samme skole og Dr Jamie Brassett for diskusjoner og mulighet til å utvikle tankesettet vårt innenfor designtenkning. Videre vil vi takke våre kolleger hos Brand Valley, Hans-Martin Erlandsen og Ihna Stallemo for heiarop og forslag til forbedringer. Forfatterne vil også takke Trond Bjerge for innspill i ferdigstillelsen av dette heftet. Til sist vil vi takke Ingrid Grønli som forer sultne forfattere.

www.ingramcontent.com/pod-product-compliance
Lightning Source LLC
Chambersburg PA
CBHW041300040426
42334CB00028BA/3099